JN004779

上品な
ことば
選び辞典

大人の
ことば選び
辞典

Gakken

『上品なことば選び辞典』制作協力者

【執筆・校閲】
構 俊一（株式会社オフィスゲン）

【装幀】
あんバターオフィス

【本文紙面設計・組版】
佐藤かおり（株式会社クラップス）

【イラスト・キャラクターデザイン】
やましたともこ

【校正・編集協力】
倉本有加
松尾美穂

【企画編集】
田沢あかね
森川聡顕
鈴木かおり

まえがき

「上司に『もう帰ります！』と去り際に挨拶。何か違う気もしつつ、代案は思いつかない」

「きちんとした場にふさわしい言い回しを勉強すべきとわかっているが、毎日が戦場で無理」

「語彙力がヤバヤバのヤバだが、仕事でそれはマジヤバイ。どげんかせんといかん」

　……等々、日々を生きる人の悩みは絶えることがありません。これらのお悩みを解決するヒントになる、大人のための「ことば選び辞典」シリーズをご用意いたしました。

　このシリーズは、言い方を間違えて後悔した経験がある人のための「ことば選び辞典」です。『上品なことば選び辞典』は、くだけた印象になりがちなことばを、より品よく言い換えるのに使える表現を厳選し収録しております。同じ事柄でも言い回しを少し変えることで、より洗練された印象にすることができます。「自分の言い回しが何となく稚拙で気になる」、そんな悩みを解決できる辞典です。

　日々の暮らしに少しでも役立つ辞典になれたのなら、一人の編集者として僥倖に存じます。みなさまのお過ごしになる日々が、より安寧なものになりますように。

2021年6月　　学研辞典編集部

上品なことば選び辞典

Contents

か行

さ 行

た行

Contents

ま～わ行

Contents

この辞典の使い方

【本文】

1. 言い換え前の見出し語 体に悪い

- ㋐ つい言ってしまいがちな表現を、言い換え前の見出し語として掲載した。
- ㋑ 言い換え前の見出し語は上記の吹き出しの中に示した。
- ㋒ 本書の配列は言い換え前の見出し語の五十音順とした。

2. 言い換え後の見出し語 お体に障る

- ㋐ より洗練された言い回しになる表現を、言い換え後の見出し語として掲載した。
- ㋑ 言い換え後の見出し語は上記の吹き出しの中に示した。
- ㋒ 言い換えの候補が複数ある語についても、本書では厳選して一語のみを例示した。

3. 意味

言い換え後の見出し語がどのような意味か、簡潔に示した。

4. 用例

言い換え後の見出し語が実際にどのように用いられるか、具体的な文例を示した。

5. イラスト

使用場面をイメージができるよう、見出し語ごとにイラストを掲載した。

6. 解説

見出し語の使い方や注意事項をはじめとする補足解説を、イラストの下部で簡潔に記述した。関連する見出し語のページは、【➡ pへ】で示した。

【コラム】

㋐ 本文に収録できなかったことばの中から厳選した一部を、コラムとして掲載した。

㋑ コラム「こんな言い方も」ではイラストと解説を割愛し、言い換え後の見出し語、意味、用例を端的に示した。

㋒ コラム「こんな言い方も」の配列は、言い換え前の見出し語の五十音順とした。

㋓ コラム「こんな呼び方も」は、人物・組織の敬語を見開きで一覧できるよう示した。

㋔ 尊敬の意を示すものは「尊称」、身内に用いるものは「謙称」として示した。現代では、身内でも過度にへりくだることを避ける傾向にあるため、謙称として中立的な表現を採用したものもある。

【索引】

㋐ 本文、コラム「こんな言い方も」に収録した見出し語を網羅した総索引を掲載した。

㋑ 配列は読みの五十音順とした。

㋒ 本文に掲載した見出し語は太字、コラムに掲載した見出し語は細字で表記した。

㋓ 言い換え前の見出し語には▲、言い換え後の見出し語には●を付して掲載した。

㋔ 言い換え後の見出し語は、適宜下記のように分類し掲載した。

(a) ▌：ビジネス　主にビジネス、商いでよく用いられることば。

(b) ▌：敬語　　　主に相手や第三者に敬意を示すために用いられることば。

(c) ▌：伝統　　　日本の伝統的なことば。

会う

お目もじ

意味 「会う」の謙譲語。お目にかかること。

用例 お目もじのうえ、申し上げたく存じます。

会いたいな…

キラリ

漢字で書くと「御目文字」。もとは、「お目にかかる」を雅に表した女房詞です。

朝っぱら

朝のうち

| 意味 | 午前中の早めの時刻。 |
| 用例 | 朝のうちから、ご精が出ますね。 |

> あ
> き
> の
> う
> は
> ど
> う
> も
> ー

> 朝
> の
> う
> ち
> か
> ら
> ご
> 精
> が
> で
> ま
> す
> ね

「朝っぱら」は、「朝腹（朝食前の空腹の意）」に由来し、「早朝」を表す俗な言葉。「朝のうち」や「朝方」に言い換えると、品よく感じられます。

焦る
（あせ）

心急く
（こころ せ）

意味 心がいらだつ。気が急いて、いらいらする。

用例 いささか、心急くことがございまして。

「ちょっと焦っています」というよりも、用例のフレーズの
ようにいったほうが、品よく感じられます。

厚ぼったい

厚手の（あつで）

意味 布などに厚みがあり、重たい感じがするさま。

用例 厚手のセーター。

だねー

セーターは厚手にかぎるわー

「〜ぼったい」をつけると、くだけて聞こえるもの。「腫れ（は）ぼったい」は単に「腫れている」、「野暮（やぼ）ったい」も単に「野暮な」と言い換えると、より格調高い印象になります。

4

後で

後^{のち}ほど

意味 しばらくしてから。
用例 後ほど、伺^{うかが}います。

「後で」「先に」というよりも、「後ほど」「先ほど」のように「〜ほど」を使うと、上品に響くもの。「今朝ほど」のようにも用います。

雨

お湿り

| 意味 | 時期や量が適当な雨。乾燥した地面を濡らす程度に降る雨。 |
| 用例 | 久しぶりのいいお湿りですね。 |

「お湿り」は、単なる雨ではなく、晴天が続くなか、多くの人が待っていた雨を表す言葉。毎日、雨が降るような時季には用いません。　【➡ p123へ】

雨が降りそう

雨催い
（あまもよ）

意味 今にも雨が降りだしそうな空模様。

用例 雨催いの空ですね。

雨雲さん
こっちー

オーライ
オーライ

「雨催い」というと、やや古風な表現で、格調高く聞こえます。

7

案

叩（たた）き台（だい）

| 意味 | 検討して改良するための素案（そあん）。 |

用例 こちらを叩き台にしていただければと思います。

こちらを
たたき台にして
いただければと…

ドキ ドキ ドキ ドキ

「叩き台」というと、「私の案」や「私案」というよりも、謙遜（けんそん）の気持ちを表せます。一方、他人の案を「叩き台」扱いすると失礼になります。

いいつけ

仰せ

意味 目上からの言葉や命令に対する尊敬語。

用例 仰せのとおりにいたします。

仰せのとおりにいたします

文語の「仰す」は「言う」の尊敬語なので、「いいつけ」を「仰せ」に言い換えると、相手への敬意を表せます。「仰せに従います」など。

言いようがない

得（え）も言われぬ

意味 言葉では言い表せない。

用例 得も言われぬ美しさですね。

得も言われぬ美しさ…

「言いようがない」は、悪い方向で表現に困るときにも用いる言葉。すばらしいものに対しては、「得も言われぬ」がよく似合います。

意外に

思いの外(ほか)

| 意味 | 考えていたことと違っているさま。案外。 |
| 用例 | 思いの外、順調に進みました。 |

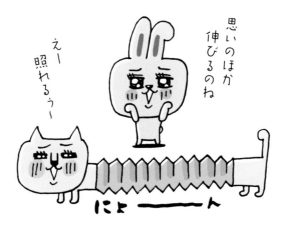

えー
照れるぅ〜

思いのほか
伸びるのね

にょーーーーん

「意外」という熟語よりも、「思いの外」という大和言葉(やまとことば)を用いたほうが、より上品に響きます。「思いがけず」や「思いもよらず」と言い換えてもよいでしょう。

11

以前

その節^{せつ}

意味　そのとき。その折^{おり}。

用例　その節は、たいへんお世話になりました。

この「節」は、「とき」や「折」を格調高く表す言葉。用例のフレーズは、旧知の人と再会したときに用います。

忙しいときに

お取り込み中

意味 相手の忙しそうな様子を表す言葉。用事が立て込んでいる中。

用例 お取り込み中、申し訳ありません。

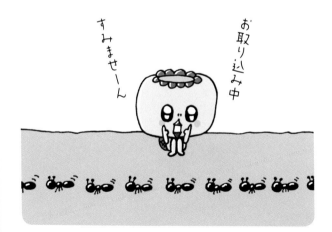

「お取り込み中」や「ご多用中」といったほうが、ビジネスの場面などでは、こなれた表現に感じられるでしょう。

いつか

いずれ

意味 近々。近いうちに。あまり遠くない将来を表す言葉。

用例 いずれ改めて伺います。

「いずれ」のような文語的な言葉を用いると、固い表現になるぶん、格調高い印象になる効果があるものです。

いっそう

ひとしお

意味 程度がそれまで以上に増すさま。

用例 苦労したぶん、喜びもひとしおです。

「ひとしお」は、漢字では「一入」と書き、「感慨もひとしお」、
「懐かしさもひとしお」などと用います。

15

いつも

つねづね

| 意味 | ふだん。平生。 |
| 用例 | つねづね、おっしゃっているように。 |

目上からいつも言われている言葉などに対しては、「常々」を用いると、ぴったりきます。「常日頃」も、同様に用いる言葉です。

居眠りする

まどろむ

意味 少しの間眠る。うとうとする。

用例 しばし、まどろまれたようですね。

「居眠り」や「うたた寝」を用いると、だらしなく寝ているようにもとらえられるので、他人に対しては「まどろむ」を用いるとよいでしょう。

今のところ

さしあたり

意味 当面。今しばらくの間。

用例 さしあたり必要なものは用意いたしました。

さしあたり
プレゼントには
用意しました

「さしあたり」は、漢字では「差し当たり」と書き、「当面」という意味。「さしあたって」も、同様に用いる言葉です。

色気がある

艶めく

| 意味 | 姿がなまめかしいさま。美しく、華やか。 |
| 用例 | 艶めいた所作。 |

「色気がある」は、性的なニュアンスも含みます。「艶めく」といえば、「色気がある」さまを上品に表現できます。

うまい

おいしい

意味 食べ物の味がよい。美味であるさま。

用例 これ、おいしいですねえ。

「うまい」は、仲間内で使えても、改まった席には不似合いな言葉。なお「おいしい」も、「おいしい話」など、自分にとって好都合という意味では用いないほうが無難です。

裏のある

含みのある

意味 言葉などに、表には出ない意味や内容が込められているさま。

用例 含みのある言い方をされましてね。

含みの
ある
言い方ー

フフフ

カリフラワー　ブロッコリー

この「含み」は、言外(げんがい)の意味を表します。「裏のある」という直接的な表現よりは、婉曲(えんきょく)なぶん、品のある表現といえます。

うれしい

喜ばしい

意味 快く楽しい。喜ぶべきさま。

用例 まことに喜ばしいことでございます。

「この喜ばしい日に」は、おめでたい場のスピーチでよく用いられるフレーズです。

噂（うわさ）

風聞（ふうぶん）

意味 世間で言いふらされていること。風説。風の便り。

用例 それは風聞に過ぎないと思いますよ。

「風聞」は「とかくの風聞がある人物のようです」というように、主によくない噂のとき用います。よい評判なら「聞こえ」を用いるとよいでしょう。　【➡p129へ】

うんざりする

閉口する

意味 困らされること。参ること。

用例 彼の頑固（がんこ）さには、いささか閉口しています。

「閉口」は、もとは文字通り、口を閉じてものを言わないこと。そこから、言葉も出ないくらい手に負えないという意味になりました。

おおっぴらに

 公^{おおやけ}に

公に

意味 隠さず、はっきりしているようす。

用例 公にするのは、ばばかられることです。

「おおっぴら」は俗な表現なので、改まった会話では避けたほうがいいでしょう。「オープンにする」と言い換えることもできます。

OB

お歴々
（れきれき）

意味 もとは、身分や家柄の高い人々。そこから、今は、地位の高い人全般を指す。

用例 お歴々が居並ぶ（いなら）会合。

「OB」は敬意を含まないニュートラルな言葉。「お歴々」というと、目上への敬意を含む表現になります。

26

お金を貸す

立て替える

| 意味 | 人に代わって、一時的に代金を支払う。 |
| 用例 | 先日、お立て替えしたぶんの件なのですが。 |

「立て替える」は、代わって一時的に支払うことですが、「お金を貸す」ことの婉曲表現としても用いられます。

27

贈り物

お遣（つか）い物（もの）

意味　人に贈るもの。ご進物（しんもつ）。

用例　お遣い物にいかがですか。

お遣い物にいかが？

¥10,000

人に贈るものは、「お遣い物」、あるいは「ご進物」というと、より上品かつ心がこもった印象になります。

贈る

差し上げる

意味 「与える」「贈る」の謙譲語。

用例 もれなく差し上げます。

人に物を贈るときには、この言葉で相手への敬意を表します。熟語の「謹呈する」、「進呈する」も相手への敬意を含む言葉です。

教える

ご案内する

| 意味 | 「教える」を丁寧に表現した語。 |

用例 　先般お問い合わせいただいた件について、ご案内申し上げます。

ご案内申し上げます

「教える」は「お教えする」と謙譲語にしても、多少は"上から目線"に感じさせる言葉。「ご案内する」に言い換えると、そうしたニュアンスが消えます。

遅かれ早かれ

 早晩（そうばん）

意味 遅い早いの違いはあっても、いつかは。

用例 彼の夢は、早晩かなうことでしょう。

ビジネスの場面には、「目標は早晩達成の予定です」、「計画は早晩実現するでしょう」など、「早晩」がよく似合います。

思いがけず

はしなくも

意味　予想の範囲を越えているさま。

用例　はしなくも、おほめにあずかりまして。

「はしなくも」は、漢字では「端無くも」と書き、きっかけもなく、事が起こるさま。思いがけなく、予想外にという意味で用います。

思いつき

ひらめき

意味 いい考えが瞬間的に思い浮かぶこと。

用例 すばらしいひらめきですね。

特に他人の思いつきは「ひらめき」と表すほうがよいでしょう。自分のひらめきは「思いつき」とへりくだると、謙虚な印象になります。

思う

思（おぼ）し召（め）す

意味	「思う」の尊敬語。
用例	そのあたり、いかが思し召しですか。

「思し召す」のような尊敬語を使うときは、「どう」ではなく、「いかが」を使って「いかが思し召しですか」と言うと、言葉のバランスがよくなります。

折れる

折り合いをつける

意味 互いに譲り合って、話がまとまること。

用例 どうやら、折り合いをつけたようですね。

一方的に負担を強いられたと主張しないのが、大人の言い方。「折り合いをつける」というと、互いに譲り合って、という意味合いが生じます。

愚か

浅はか

意味 思慮の足りないさま。

用例 われながら、浅はかな考えでした。

「愚か」「バカ」などは直接的で強すぎる言葉。「浅はか」に言い換えると、多少は婉曲な表現になります。

いいかげんにする

おろそかにする

意味 しなければならないことを、適当に済ませること。
用例 学生の本分をおろそかにする。

 言いつかる

仰せつかる

意味 命令を受ける。
用例 本日、司会の大役を仰せつかりました五条でございます。

 行く

お運びになる

意味 「行く」「くる」の最上級クラスの尊敬語。
用例 このたびは、ようこそお運びくださいました。

 一日中

ひねもす

意味 朝から晩まで。
用例 その日は、ひねもす読書にふけっていました。

 祝う

言祝ぐ、寿ぐ

意味 祝いの言葉を述べる。祝う。
用例 新春を言祝ぐ。

帰る

お暇（いとま）する

意味 「帰る」をへりくだっていう表現。

用例 もうこんな時刻ですか。そろそろお暇いたします。

単に「お暇します」でもOKですが、謙譲語の「いたす」と組み合わせて、「お暇いたします」というと、謙譲の程度がさらに上がります。

書く

認める
したた

意味 書き記す。
しる

用例 お礼の手紙を認める。

とりわけ、手紙には「認める」という動詞がよく似合います。

金持ち

資産家

意味 財産を多く持つ人。

用例 相当の資産家と伺っています。

資産家…

ニャー

「金持ち」は、使い方によって、やっかみを伴っているように
も聞こえる言葉。「資産家」や「財産家」に言い換えると、
そうしたニュアンスは消えます。

体に悪い

お体に障（さわ）る

意味 体に悪い影響がある。

用例 お体に障りませんように。

お体に障りませんように…

「障る」は差し支（つか）えるという意味で、「癪（しゃく）に障る」「耳障（みみざわ）り」などと用います。いずれも、「触る」と書くのは誤りです。

かわいがる

いつくしむ

意味 弱い者や目下の者に、愛情をそそぐ。

用例 愛娘をいつくしむ。

漢字では「慈しむ」と書きます。「いとおしむ」に言い換えることもできます。

川の流れる音

せせらぎ

| 意味 | 川の流れる音。 |
| 用例 | せせらぎに耳を傾ける。 |

「せせらぎ」は、小川がさらさらと流れる音にふさわしく、大きな川や濁流には似合いません。

43

考える

おもんぱか　　かんが
慮る、鑑みる

意味 よくよく考える。思いめぐらす。

用例 心情を慮ると。経緯を鑑みるに。

河童へ

相手の気持ちを考えることには「慮る」、事情を考慮することには「鑑みる」が似合います。ほかに、「思案する」「推し量る」「思いやる」などにも言い換えられます。

関係がある

ゆかりのある

意味 関わりやつながりがあること。

用例 当家とゆかりのある人物。

カリフラワー　ブロッコリー

「関係がある」は、肉体関係をほのめかすこともある表現。「ゆかりのある」と言い換えると、その心配はありません。

聞く

承る

| 意味 | 聞く、受ける、引き受けるなどの謙譲語。 |
| 用例 | では、お話を承りましょう。 |

用例の「お話を承る」は「謹んで聞く」、「仕事を承る」は「仕事を引き受ける」、「承るところによりますと」は「伝え聞くところによると」という意味になります。

気に入らない

意に満たない

| 意味 | 満足できないさま。 |
| 用例 | 意に満たない出来とは思いますがご寛恕くださいませ。 |

「気に入らない」は、気分で判断した結果と受け取られかねません。「意に満たない」は、冷静に判断した結果という意味合いになります。

（私の）気持ち

微意（びい）

| 意味 | 自分の気持ちを謙遜（けんそん）していう表現。 |
| 用例 | 感謝の微意を表（ひょう）する次第（しだい）でございます。 |

感謝の微意を

表する次第でございます…

「微意」は、ほんの少しの志という意味。一方、相手の気持ちは「お気持ち」「お心遣（こころづか）い」「ご厚情（こうじょう）」などと表すと、尊敬の気持ちを込められます。

気持ちがいい

清々しい
_{すがすが}

意味 さわやかで、気持ちがいい。

用例 いつにもまして、清々しい気分です。

「清々しい」は、「清々しい態度」など、ためらいがなく、
思い切りがいいという意味にも用います。

49

休日に

お休みのところ

意味 休日。休暇中。

用例 お休みのところ、恐れ入ります。

「お休みのところ」は、休日など、休んでいる相手に対して、電話やメールをするときに用いる言葉。休日なのに、わずらわせて申し訳ないという気持ちを表します。

50

嫌い

苦手

意味	得意ではないこと。扱いにくい相手。
用例	騒がしい所は、少々苦手ですね。

苦手
なんだよな…

えー!!

お礼です

MILK MILK

「嫌い」はストレートすぎる表現。「苦手」や「（私には）合わない」「好きではない」のように、婉曲に表すのが大人の言葉選びでしょう。

嫌われる

煙（けむ）たがられる

意味 近づきがたく思う。窮屈（きゅうくつ）に感じる。

用例 小言（こごと）が多く、周囲からは煙たがられているようです。

ハロー
煙でーす

モク

モク

モク

ケホ ケホ

「嫌われている」では強すぎますが、「煙たがられている」というと、敬遠されているという意味を含み婉曲（えんきょく）に表せます。

（数字を）切り捨てる

数字を丸める

意味 四捨五入したり、切り捨てて、数字の端数を
処理したりすること。

用例 こちら、端数を丸められませんか。

ビジネスの場面では、「数字を丸める」といえば、四捨五入
することではなく、端数を切り捨てて少し値引きするとい
う意味で用いられます。

53

きんけつ
金欠

てもとふにょい
手許不如意

意味 お金がないさま。

用例 あいにく、手許不如意なもので。

「不如意」は「意の如くにできない」ことで、思いのままに
ならないという意味。「手許」は「手許金」(手もとに置い
ている金銭)」の略です。

くだもの
果物

みずがし
水菓子

意味 果物のこと。

用例 水菓子は何にいたしましょうか。

暑かった
でしょ

水菓子を
どうぞ

「水菓子」は、水羊羹など、水分の多い菓子という意味ではないので、注意のほど。なお、「菓」という漢字には「くだもの」という訓読みがあります。

口出し

口添え（くちぞえ）

意味　脇から言葉を添えること。

用例　お口添えいただければ幸いと存じます。

またお口添えいただけないかな？

「口出しはやめてください」と抗議したいとき、「お口添えの必要はありませんので」と言い換えると、角（かど）が立ちません。

ぐっと来る

感極<ruby>感極<rt>かんきわ</rt></ruby>まる

> 意味　大いに感動する。感激が極限に達する。
> 用例　クライマックスで感極まり、涙いたしました。

「ぐっと来る」はくだけた印象を与えるので、改まった会話では避けたほうが無難でしょう。「感極まる」に言い換えると、格調高く表現できます。

ぐでんぐでんになる

深酔いする

意味 ひどく酔うこと。

用例 珍しく、深酔いされたようですね。

う〜

「ぐでんぐでんになる」は、泥酔(でいすい)するさま。みっともないという意味を含むので、他人に対して用いるときは「深酔いする」に言い換えたほうがよいでしょう。

交通費

お車代

意味 交通費の名目で支払う謝礼金。

用例 些少ですが、お車代です。

他人に交通費を謝礼として渡すときは「お車代」と言い換えると、品よく聞こえます。

顧客

お得意様
_{とくいさま}

意味 ひいきにしてくれる客。その店の常連客。

用例 長年のお得意様でございます。

「お客様」よりも「お得意様」といったほうが、相手を尊重する気持ちをより強く表せます。「○○様は、開店来のお得意様でございます」のように。

コスパがいい

掘り出し物

意味 値段のわりに質がよいなど、買い得だと思える商品。

用例 こちら、掘り出し物です。

低価格の商品は、「お値打ち品」や「掘り出し物」と表現すると、値段のわりにはよい商品という意味になります。

【➡ p88へ】

コネ

つて

| 意味 | 希望を達成するための手がかり。縁故。 |
| 用例 | つてをたどってお願いする。 |

ごめんね

クジラに
っては
ないなー

「コネ」は「親のコネで就職する」など、ずるいというニュ
アンスが含まれ、品がない印象になります。「つて」や「よ
しみ」に言い換えるとよいでしょう。

言われる

お言葉を賜る

意味 言葉をかけられる。
用例 過分のお言葉を賜りました。

うさ晴らし

気晴らし

意味 他のことに心を向けく、気を晴らすこと。
用例 気晴らしにいかがですか。

お会いして以来

一別以来

意味 別れてからそのときまで。
用例 一別以来の挨拶を交わす。

怒る

気色ばむ

意味 怒りの感情が表に出る。
用例 失礼な言動に、さすがに気色ばまれましてね。

がまんできない

忍びない

意味 がまんできない。堪えられない。
用例 聞くに忍びない話ですね。

65

最中
（さいちゅう）

たけなわ

| 意味 | 行事や季節が最も盛んな時期。盛り。 |
| 用例 | 宴もたけなわではございますが、そろそろお開きの時間です。 |

「たけなわ」は、漢字では「酣」や「闌」と書き、物事の盛りを表す言葉。「秋もたけなわ」など、季節に関しても用います。

酒を飲む

聞こし召す

意味 「酒を飲む」ことの尊敬語。お飲みになる。

用例 ずいぶん聞こし召されたようですね。

「ずいぶん飲まれたようで」というと、非難のニュアンスを
含んでいるようにもとられるので要注意です。

しかたがない

いたし方ない

意味 どうすることもできない。

用例 お気の毒ですが、いたし方ありませんね。

「いたし方」は「いたす」という謙譲語を含むぶん、「しかた（仕方）」よりは、やや丁重に感じられます。

舌触り

口当たり

意味 食べ物を口に入れたときの感じ。

用例 口当たりがまろやかですね。

口当たりがまろやかですね

「舌触りがいいですね」というよりも、「口当たりがいいですね」というほうが上品に感じられます。「口当たりのいい人」など、人柄を表すときにも用いる言葉です。

指導

お引回し
（ひきまわし）

意味 指導や世話に対して、尊敬の気持ちを込めて
表す言葉。

用例 よろしくお引回しのほど、お願いいたします。

よろしく
お引回しのほど
お願いいたします!!

遡（さかのぼ）ると江戸時代に、罪人を見せしめとして連れ回したこ
とを「引回し」といいました。

じばら
自腹

ポケットマネー

意味 自分の金。小遣い銭。

用例 部長がポケットマネーでご馳走してくださっ
たようですよ。

ごちそう様でした！

「自腹を切る」は切腹を連想させます。ご馳走になったとき
は、「ポケットマネー」と言い換えたほうがよいでしょう。

住所

お住まい

| 意味 | 相手の住居を敬っていう言葉。 |
| 用例 | お住まいはどちらですか？ |

ん？住んでるとこ？

南極だよ!!

人に住所を尋ねるときは、「ご住所はどちらですか」というよりも、「どちらにお住まいですか」と尋ねたほうが、こなれた敬語になります。

十分に

重々
じゅうじゅう

意味 十分なさま。よくよく。

用例 重々、承知しております。

「重々」を用いると、言葉に"重み"を加えることができます。
「重々の不始末」など、「重ね重ね」という意味にも用います。

73

出発

お立ち

意味 相手が出かけることへの尊敬語。

用例 明日は何時にお立ちですか？

「何時にご出発ですか？」と尋ねるよりも、「何時にお立ち
ですか？」と聞いたほうが、こなれた敬語になります。

出費が多い

物入り
（もの い）

意味 費用のかかること。

用例 今月は、何かと物入りなものですから。

この「物」は、お金の婉曲（えんきょく）表現で、出費や散財（さんざい）を意味します。

所持金

持ち合わせ

| 意味 | そのとき持っている金銭。 |
| 用例 | あいにく持ち合わせがなくて。また誘ってね！ |

一杯洗っていかないか？

今日は持ち合わせがなくて…

「所持金」でもよいのですが、「金」という言葉を伴わない「持ち合わせ」を用いると、より品よく表現できます。

処理

取り計らい（とりはからい）

意味 物事をスムーズに運ぶための方法。

用例 よろしくお取り計らいのほど、お願い申し上げます。

OK!

コバンザメ一同
お取り計らいのほど
お願いします！！

用例のフレーズは、「善処してほしい」を丁重に表した言葉。「穏便（おんびん）にお取り計らいのほど〜」というように用いることもできます。

知らない

不案内
（ふあんない）

意味 様子や勝手をよく知らないこと。

用例 このあたりは、不案内なものですから。

ビジネス会話では、「不案内」は、その分野に通じていないという意味でよく用いられます。「その分野は、いたって不案内なもので」のように。

尻込みする
（しりご）

たじろぐ

意味 相手の勢いにおされて、ひるむ。

用例 あまりの剣幕（けんまく）にたじろぐ。

改まった会話で「尻」と口にするのは、はばかられます。「ひるむ」と言い換えてもよいでしょう。

知る

弁（わきま）える

意味 心得ている。道理をよく知っている。

用例 場所柄を弁える。

太陽さん♡ お日様 わー♡

「知る」を「弁える」に言い換えると、大人の分別があるというニュアンスを含ませることができます。自らへりくだって用いる言葉で、他人に用いる表現ではありません。

新入り

新進

意味 新しくその分野に現れて、活躍している人。
用例 新進気鋭の評論家。

「新入り」や「新米」は、謙遜するときに用いる言葉。他人に対しては、「新進」か、せめて「新人」と言い換えたいものです。

信用できない

疑わしい

意味 事実かどうか疑いがかかる様子。

用例 いささか疑わしい話ですが、UFO の目撃情報です。

「疑わしい」は、「信用できない」のほか、「眉唾」や「ウソっぽい」という意味を表したいときの婉曲表現として使えます。

好きになる

心を寄せる

| 意味 | 好意を抱く。思いやる。 |

用例 クラスメートに心を寄せる。

「心を寄せる」は、人への好意のほか、「関心を持つ」や「熱中する」という意味でも用います。たとえば、「花鳥風月に心を寄せる」のように。

少しも

つゆほども

| 意味 | 少しも。ちっとも。 |
| 用例 | つゆほども知りませんでした。 |

私のオニギリが!!

「つゆほども」は、漢字では「露程も」と書き、下に打ち消しの言葉を伴って「露ほどにわずかにも〜ない」という意味になります。

すっとする

胸がすく

意味 心のつかえがなくなり、さっぱりする。

用例 胸がすくような逆転劇。

ごめんなさい…

「すっとする」は、いささか俗な表現。「胸がすく」は、「胸がすく結末」など、物事の終わり方に関して用いることが多い言葉です。

〜する傾向がある

〜する嫌いがある

意味 よくない傾向がある。

用例 独断で動く嫌いがあるのは残念ですが、優秀
な人材です。

今日から
お菓子しか
食べないから!!

この「嫌い」は、懸念や好ましくない傾向という意味。批
判や懸念を婉曲に表現できる言い回しです。

性格

お人柄
（ひとがら）

意味　その人の性質や品格。多くは、肯定的な意味で用いる。

用例　お人柄がしのばれます。

太陽さんの
お人柄の良さは
ハンパないよね
パパ！

お前だって
負けてないよ♡

性格のよさ、穏やかな性質を表すときは、「お人柄」を用いたほうがしっくりきます。

セール品

お値打ち品
（ね う ひ ん）

意味 価値が高いわりに、割安に買える品。

用例 こちらは、お値打ち品になっております。

お値打ち品
ぬいぐるみ全品
5割引

「値下げ品」や「見切り品」も、同様に言い換えることができます。近頃は、「わけあり商品」という表現も、よく見かけます。【➡ p63へ】

騒音

ざわめき

意味 ざわざわと騒がしい音。

用例 場内のざわめきがおさまる。

「騒音」は否定的な意味を伴いますが、「ざわめき」といえば、そうしたニュアンスは消えます。「騒々しい」や「騒がしい」は、動詞の「ざわめく」で言い換えられます。

想像する

思いを馳せる

| 意味 | 遠く離れているものを思う。想像する。 |
| 用例 | 在りし日の姿に思いを馳せる。 |

元気かな？

「馳せる」は、もとは馬などを走らせることで、「思いを馳せる」は「思いを遠くまで走らせる」という意味です。

体

御身

意味 相手の体を敬っていう言葉。
用例 （おもに手紙文で）時節柄、御身お大切に。

 感動する

胸に迫る

意味 強く感じる。感動する。思いで胸が一杯になる。
用例 万感胸に迫るものがありました。

 気が散る

気もそぞろ

意味 そわそわして落ちつかないさま。
用例 気もそぞろというご様子でした。

 聞く

お聞き届け

意味 聞き入れることの尊敬語。
用例 お聞き届けくださり、ありがとうございました。

 気をつかう

心を砕く

意味 いろいろと気を配る。心を尽くす。
用例 心を砕いて、お客様をもてなす。

体調

お加減

意味 体の具合。

用例 その後、お加減はいかがですか。

「ご体調」よりも、「お加減」や「お具合」というほうが、よりこなれた日本語になります。

妥協
だ きょう

歩み寄り

意味 双方の条件などを近づけること。

用例 ここは、お互い、歩み寄りが必要な場面ではないでしょうか。

「妥協」は「不本意ながら」というニュアンスを含む言葉。「歩み寄り」というと、ネガティブさが消え、協調するというニュアンスが生じます。

食べ物

 お口汚し（くちよごし）

意味 人に料理を勧めるときに、謙遜（けんそん）していう言葉。

用例 ほんのお口汚しですが、どうぞ召し上がってください。

「お口汚し」は、もともとは、食べ物が少ししかなく、「お口を汚す程度しかありませんが」という意味。「お口ふさぎ」といういい方もあります。

たまたま

たまさか

意味 思いがけないさま。めったにないさま。

用例 たまさか、出会えたのは幸運でした。

宿題!?

宿題しよーっと

「たまさか」は、漢字では、偶然の「偶」を用い、「偶さか」と書きます。「思いがけなく」も「たまさか」に言い換えられます。

担当

預かり

意味 人や物を預かること。そこから、担当、管理
すること。

用例 そちらは部長預かりの案件です。

とくに、役職の高い人が責任者の場合には「預かり」が似
合います。

チップ

心付け

意味 世話になった人に、謝礼として渡す金銭。

用例 仲居さんに、心付けを渡してください。

日本語なら、「チップ」よりも「心付け」というほうが、感謝の気持ちがよりこもった言葉に聞こえることでしょう。

仲裁

おとりなし

意味 対立する二者の間に立って、うまく折り合い
をつけること。

用例 おとりなし願えれば幸いです。

ポカ

スカ

あの方に
おとりなし
願うか…

ポゥ

スカ

「おとりなし」は、トラブルが起きたときによく用いられる
大和言葉。用例は、「うまく仲裁してほしい」と頼むときの
定番フレーズです。

98

超

いたく

意味　甚(はなはだ)だしい。

用例　いたく感銘を受けました。

ありがとう！

ありがとう

お兄ちゃん…

「すごく」や「超」は、「いたく」と言い換えられます。漢字では「甚く」と書き、とりわけ感情を表す言葉によく用います。

ちょうどいい

ほどよい

意味 程度や都合がちょうどよいこと。

用例 ほどよい湯加減でございました。

たとえば、「ちょうどいい頃合い」は、「ほどよい頃合い」
と言い換えると、いくぶん上品に感じられるものです。

ちょっと

少々、いささか

意味 少ないさまを表す言葉。

用例 それだけではいささか心許ないかと存じます。

改まった会話では、「ちょっぴり」「ちょっと」や「ちょいと」は、「少々」や「いささか」に言い換えたほうがよいでしょう。

ちょっとの間

ひとしきり

意味　しばらくの間、盛んなさま。

用例　ひとしきり世間を騒がせた話題。

夕立サイコー！

「ひとしきり」は漢字では「一頻り」と書き、「ひとしきり、口の端に上る」、「蝉がひとしきり鳴く」などと用います。

ついさっき

今しがた

意味	今さっき。たった今。
用例	今しがた、お見えになったところです。

しぼったばかりなんです…

敬語を含むフレーズでは、「今しがた」を用いると、言葉全体のバランスがよくなります。

つけもの
漬物

こう　もの
香の物

| 意味 | 野菜を塩、糠、味噌などで漬けたもの。 |
| 用例 | 最後に香の物をいただきました。 |

「漬物」は日常的な言葉なので、人前では「お漬物」と「お」をつけるか、「香の物」と言い換えるとよいでしょう。

つまらないもの

心ばかりのもの

意味 贈り物をするときに謙遜していう言葉。

用例 心ばかりのものですが、ご笑納くださいませ。

きゅうり？

いつもありがとう

手土産を持参し、相手に渡すときなどに用います。「心の一部を表したもの」という意味です。

105

てみやげ
手土産

お持たせ

意味 客が持ってきてくれたみやげ。

用例 お持たせで申し訳ありませんがどうぞ。

お客様が持ってきてくれたおみやげは「お持たせ」、自分が
持参したみやげは「手土産」というのが、大人の言葉遣い
です。

106

照れくさい

面映（おもは）ゆい

意味 恥ずかしい。決まりが悪い。こそばゆい。

用例 おほめにあずかり、面映ゆく存じます。

「面映ゆい」は、もとは「顔（面）を合わせると、目映（まばゆ）く感じられる」という意味。そこから、今のような照れくさいというような意味になりました。

天気

日和

意味 空模様。

用例 いい日和ですね。

「天気」は、いい天気の場合は「日和」、曇りの場合は「雲行き」に言い換えるとよいでしょう。「雲行きがいささか怪しいですね」など。

同情する

思いやる

| 意味 | 人の身の上や気持ちを案じる。 |

| 用例 | 彼の胸中いかばかりか、思いやる。 |

「同情する」というと、やや"上から目線"のニュアンスを伴うもの。「思いやる」というと、そうしたニュアンスが消え、やさしさを表現できます。

109

同伴者<ruby>同伴者<rt>どうはんしゃ</rt></ruby>

お連れ様<ruby>様<rt>さま</rt></ruby>

意味 相手の同伴者を敬っていう言葉。

用例 お連れ様はいかがなさいますか？

相手の関係性が明確ではないとき、接客業では「お連れ様」がよく用いられます。

取っておく

お取り置きする

意味 特別に商品などを取っておくこと。

用例 ご注文の品、お取り置きしておきました。

「お取り置き」は、客の注文に応じて、特別に商品を取って
置くときに用いる言葉。顧客への配慮を表すときに、よく
用いられる言葉です。

トラブル

ご難

意味　相手の受けた災難、難儀を丁寧にいう言葉。

用例　ご難なことでしたね。

相手にふりかかった災難でも、「トラブル」は「ご」や「お」をつけられず、敬意を含ませることができません。そこで「ご難」と表現します。

くさくさする

気分が晴れない

意味 気持ちが沈んでいる。明るい気持ちになれない。

用例 不祥事続きで、気分が晴れません。

暮らす

お過ごしになる

意味 暮らす。時間を費やす。

用例 近頃、いかがお過ごしになっていらっしゃいますか。

困る

途方に暮れる

意味 困りきる。

用例 どうしたものかと、途方に暮れています。

ご面倒

お骨折り

意味 相手の苦労、努力に対する尊敬語。

用例 お骨折り、まことにありがとうございます。

（相手が）出席する

ご臨席いただく

意味 出席していただく。

用例 ご臨席いただけるとは、光栄至極に存じます。

> 仲がいい

> 仲睦まじい

意味 親密であること。

用例 仲睦まじいお二人をうらやましく思います。

「仲睦まじい」というと、単に親密であるだけでなく、互い
に思いやりがあって、一心同体であるというニュアンスを
感じさせます。

何度も

たびたび

意味 しばしば。何度も繰り返すさま。

用例 たびたび申し訳ありません。

本っ当に
お気遣いなく!!

今日もまた
ありがとう♡

「たびたび」は、漢字で書くと「度々」。「何度も」よりも、改まった会話に似合う言葉です。

荷物

お手回り品（おてまわりひん）

意味 携帯品。

用例 お手回り品には、十分お気をつけください。

お手回り品には
十分お気をつけください

「手回り品」は、もとは身の回りに置いて使う品のこと。今は「携帯品」という意味で、相手への敬意を含ませたいときに用います。

にん き
人気

じんぼう
人望

意味 その人に寄せられる信頼や尊敬、期待の心情。

用例 人望ある人物です。

おまたせ♡

周囲に慕われる人は、学校では「人気者」、会社などフォーマルなところでは「人望ある人物」と表現すると、しっくりきます。

盗み見る

かいま見る

| 意味 | こっそりのぞき見る。ちらりと見る。 |
| 用例 | 私がかいま見たところ、いつもどおりでした。 |

「盗み聞き」「盗み食い」「盗み足」など、「盗む」のつく言葉は、改まった会話では避けたほうがよいでしょう。

119

年末

年の瀬

意味 年の暮れ。年の終わり。

用例 今年も、年の瀬が迫ってきましたね。

おつかれ〜

「年の瀬」と和語に言い換えると、場に応じた「大人の日本語」
を心得ているという印象を与えられる場面もあるでしょう。

準備する

布石を打つ

意味 準備の慣用句。「布石」は囲碁の序盤戦で、要所に打つ石。

用例 新しい事業に向けて、布石を打つ。

丈夫

すこやか

意味 体が丈夫(じょうぶ)で元気なさま。

用例 すこやかに成長する。すこやかな寝顔。

心配する

胸を痛める

意味 心配する。心を悩ませる。

用例 さぞ、胸を痛めておられることでしょう。

好きになる

お慕(した)いする

意味 恋しく思う。

用例 お慕い申し上げております。

座る

お掛けになる

意味 「座る」の尊敬語。

用例 どうぞ、お掛けになってください。

はだし
裸足

すあし
素足

意味 靴下や履物をはいていない足。

用例 素足にサンダルをはく。

「裸足」よりは「素足」のほうが、やや上品に聞こえます。
「生足」は、改まった会話では避けたほうがよいでしょう。

（雨が）ぱらつく

そぼ降る

意味 雨がしとしと降る。
用例 細雨がそぼ降っている。

日常会話では「ぱらつく」もよく用いられていますが、文章では「そぼ降る」や「しぐれる」を用いたほうが、しっとりと格調高く表現できます。 【➡ p6へ】

123

ぴか一
（いち）

白眉
（はく　び）

意味 多くの中で最も優秀なこと。

用例 日本美術の中でも、白眉の存在。

「ぴか一」は花札賭博（とばく）に由来することもあって、上品な印象は与えない言葉。『三国志』に由来する「白眉」に言い換えたほうが格調高く聞こえます。

ひさしぶり

ひさかたぶり

意味 しばらく会わずに、時間がたっているさま。

用例 ひさかたぶりにお会いしました。

とりわけ、敬語の場合は、「ひさしぶり」を「ひさかたぶり
に」言い換えると、言葉のバランスがよくなります。

必要

ご入り用

意味 必要であること。

用例 ご入り用でしたら、仰せ付けくださいませ。

「ご入り用」は接客用語として、「ご必要」の意味でよく用いられます。

人だかり

ひとがき
人垣

意味 多くの人が垣のように立ち並ぶこと。

用例 沿道に人垣ができています。

「人だかり」は、野次馬が集まっているさまを形容するとき
によく用いられる言葉。「人垣」というと、そうした物見高
いというニュアンスは薄れます。

暇（ひま）

お手透（す）き

意味　人の手があいていることへの尊敬語。

用例　お手透きの折に、お願いいたします。

お手透きの折に移動してもらえんかの？

ゴロ

ゴロ

ゴロ

← じいじの座布団

「暇」というと、どうしても相手を暇人扱いするようなニュアンスを伴うもの。「お手透きの折にでも、どうぞ」などといえば、誤解を招きません。

128

評判

聞こえ

意味 　噂。評判。

用例 　人格者の聞こえが高い人物。

噂話自体、品のないものですが、よい評判なら「聞こえ」を用いるとよいでしょう。【➡ p23へ】

129

昼飯
ひるめし

昼食
ちゅうしょく

意味 昼に食べる食事。

用例 昼食でも、ご一緒にいかがですか。

「朝飯」「昼飯」「夕飯」は、くだけた表現。それぞれ、「朝食」「昼
食」「夕食」に言い換えるとよいでしょう。昼飯だけは英語
の「ランチ」もよく用いられます。

服

お召し物

意味 相手を敬って、その着ている服をいう言葉。

用例 素敵なお召し物ですね。

ステキなお召し物ですね

「召す」は、「着る」「食べる」「飲む」などの尊敬語。「お召し物」というと、相手の着る衣服を通して、相手への敬意を表現することができます。

無事に

つつがなく

意味 無事に、何事も起きずに。平穏無事に。

用例 おかげ様で、つつがなく過ごしております。

「つつがなく」は、死をもたらすこともある寄生虫、恙虫が
いないことを語源とする言葉です。定番のフレーズなので、
覚えておきましょう。

ぶっきらぼう

素っ気ない

意味 愛想がない。冷淡で、思いやりがない。

用例 素っ気ない対応で驚きました。

「ぶっきらぼう」は俗な言葉であり、改まった会話には不似合い。「素っ気ない」のほか、「すげない」に言い換えることもできます。

へっぴり腰(ごし)

及(およ)び腰

意味 中腰の不安定な腰つき。転じて、びくびくしたようす。

用例 改革に対して、及び腰な態度をとる。

「及び腰」は、もとは物を取ろうとするときなどの不安定な腰つきのことで、比喩(ひゆ)的に恐れたり、遠慮したりする中途半端な態度の形容に用います。

接待する

もてなす

意味 心を込めて接客すること。
用例 顧客を丁重にもてなす。心を込めてもてなす。

世話になる

お手を煩わせる

意味 人の世話になること。
用例 お手を煩わせて、恐縮に存じます。

尋ねる

お伺いを立てる

意味 目上に意向を尋ねるときに用いる言葉。
用例 社長にお伺いを立てる。

ちょっかい

干渉

意味 他人のことに関わり、従わせようとすること。
用例 私生活への干渉は、お控えください。

手加減

お手柔らかに

意味 手加減して、やさしく。
用例 どうぞ、お手柔らかにお願いします。

負けていない

遜色_{そんしょく}のない

意味 劣っていないこと。

用例 遜色のない出来_{でき}だと思います。

「遜色」は「他に比べて劣っている」こと。それが「ない」のですから、負けていないという意味になります。

136

まさか

よもや

意味 いくらなんでも。

用例 よもや失敗することはないと思いますが。

「よもや」は、打ち消しの語を伴って「まさか～しまい」という意味をつくる言葉。文語的であるぶん、「まさか」よりも格調高く響きます。

まどろっこしい

歯がゆい

意味 思いどおりにならなくて、もどかしいさま。

用例 歯がゆく思っております。

「まどろっこしい」というと、相手の鈍さ、遅さへの非難を含みますが、「歯がゆい」というと、それ以上に、残念に思う気持ちを表現できます。

水撒き
（みずま）

打ち水

意味 庭や道に水を撒くこと。その水。

用例 庭に打ち水でもしましょうか。

お皿
にも
！！

わく わく

「打ち水」は、「水撒き」を品よく言い換えた言葉。特に、夏の夕方、涼をとるために庭に水を撒くときには「打ち水」が似合います。

むかつく

腹立たしい

意味 癪にさわるさま。腹が立ってくるようなありさま。

用例 まったくもって、腹立たしいかぎりです。

プンプン

だめだぞ!!

「むかつく」は、品のない言葉。「腹立たしい」や「怒りたくもなる」に言い換えるのが大人の物言いです。

目つき

まなざし

意味 目の表情。視線。

用例 熱いまなざしで見つめる。

ニャース

「目つき」だけでなく、「目」も「まなざし」に言い換える
ことができます。「疑いの目で見る」を「疑いのまなざしを
向ける」と言い換えるように。

ものすごく

ひとかたならぬ

意味 非常に。普通ではない。

用例 ひとかたならぬお世話になりました。

「ひとかたならぬ」は、並ではないという意味を品よく表現
できる言葉。用例のほか「ひとかたならぬご配慮を賜り〜」
も定番の用い方です。

もらい物

頂き物

意味 もらい物の謙譲語。

用例 頂き物で恐縮ですが、ご賞味くださいませ。

「頂く」は謙譲語なので、「頂き物」という名詞も、謙譲の意味合いを含みます。「到来物」や「頂戴物」といういい方もあります。

143

もらう

拝受(はいじゅ)する

意味 もらう、受けることの謙譲語。

用例 メールを拝受いたしました。

ありがとう

郵便でーす

用例のフレーズは、メールの定番表現。むろん、メール以外の郵便物などを受け取るときにも用います。

焼き直し

翻案

意味 すでにある小説や戯曲などを、そのストーリーをもとにして改作 (かいさく) すること。

用例 『ハムレット』を翻案した作品。

う〜ん

「焼き直し」は、二番煎じという意味合いを伴い、批判的に用いることが多い言葉。批判する気持ちがないときは、「翻案」や「改作」に言い換えるとよいでしょう。

やっかむ

ねたむ

意味 自分より上にある人や状態をうらやましく思い、憎む。

用例 それは、あなたをねたんでのことですよ。

「やっかむ」はくだけた表現。「ねたむ」に言い換えたほうが、大人の会話にふさわしく聞こえます。

野暮用
（や ぼ よう）

 はずせない用

意味　欠席できない用事。

用例　その日は、はずせない用がありまして。

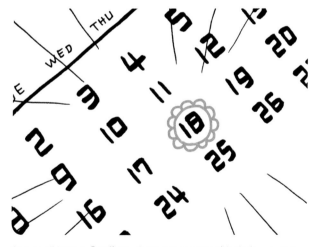

親しい間柄なら「野暮用」を用いることもできます。しかし、
さほど親しくない相手には「はずせない用」を用いるのが、
相手に合わせた言葉遣いといえるでしょう。

147

夕方

黄昏（たそがれ）

意味　夕暮れ。夕方の薄暗いとき。

用例　春の日の黄昏。人生の黄昏。

「黄昏」は「誰そ彼は」に由来し、日がかげり、人の見分けがつきにくい時間帯を表す言葉。比喩的に、終わりが近づく時期、という意味にも用います。

148

ゆっくり

ごゆるりと

意味 「ゆっくり」の古風な言い方。

用例 ごゆるりとお過ごしください。

「ごゆるりとお寛ぎください」、「ごゆるりとなさってください」という形でも用います。

様子

たたずまい

意味 人やものがかもしだす雰囲気。

用例 落ちついたたたずまい。

「たたずまい」は漢字では「佇まい」と書き、人やものの上品な雰囲気を表すのに似合う言葉。「下品なたたずまい」など、ネガティブな方向には用いません。

よく知っている

造詣が深い
_{ぞうけい}

意味 ある分野に関して、深い知識をもつこと。

用例 さまざまな分野に、造詣が深い人。

「造詣が深い」というと、「よく知っている」ことを格調高く表現できます。「物知りである」ことをいうときは、「博識」を用いてもよいでしょう。

呼ぶ

お呼び立てする

意味 相手を呼ぶことの謙譲語。

用例 朝早くから、お呼び立てして申し訳ありません。

「呼び立てる」は、もとは「大声をあげて呼ぶ」という意味。今は「呼ぶ」という意味の謙譲語として用いられています。

読む

繙く
（ひもと）

意味　本を読むこと。

用例　古典を繙く。

「ひもとく」は、書籍を包む厚紙や布製の「帙」の"紐を解く"
という意味。特に、古典には「読む」ではなく、「繙く」と
いう言葉が似合います。

夜

夜分
（やぶん）

意味 夜。夜中。

用例 夜分遅く、失礼いたします。

WOW
日本のおばけ
礼儀正しい！！

夜分遅くに
すみません〜

夜、人の家を訪ねたり、電話をかけたりするときは、「夜分、
恐れ入ります」と断ってから、用件に入るもの。

了解する

承る

| 意味 | 謹んで受ける。謹んで聞く。 |
| 用例 | たしかに承りました。 |

了解ー

カミナリ
お願いしまーす

「了解しました」もよく用いられますが、目上に対しては「承りました」や「かしこまりました」のほうが無難な言葉です。

手に入らない

得難（えがた）い

意味 手に入れにくい。貴重であるさま。

用例 今回の件は、得難いチャンスでもあると思います。

手引き

手ほどき

意味 初歩を教えること。

用例 一度、手ほどき願いたいと存じます。

得意

お手の物

意味 慣れていて、簡単にできること。

用例 車の運転なら、お手の物です。

日常生活

起き伏し

意味 起きたり寝たりすること。毎日の生活。

用例 起き伏しもままならない状態です。

寝起き

目覚め

意味 眠りから目覚めること。比喩的に、動きはじめること。

用例 今日の目覚めはさわやかだ。

157

きみ

尊称 あなた様・貴殿・貴台・貴下

謙称 （なし）

夫 / 妻

尊称 ご夫君様／ご令室様

謙称 夫・亭主／妻・女房

息子

尊称 ご子息様・ご令息様

謙称 息子・愚息

娘

尊称 ご息女様・ご令嬢様

謙称 娘

兄

尊称 ご令兄様・兄上様

謙称 兄

姉

尊称 ご令姉様・姉上様

謙称 姉

弟 / 妹

尊称 ご令弟様／ご令妹様

謙称 弟／妹

父		
	尊称	お父上・ご尊父様
	謙称	父

母		
	尊称	ご母堂様・ご尊母様
	謙称	母

家族		
	尊称	御一同様・貴家
	謙称	家族一同

上役		
	尊称	ご上司
	謙称	上司・上役

社員		
	尊称	貴社社員・御社〇〇様
	謙称	当社社員・弊社社員

家		
	尊称	貴宅・尊家
	謙称	小宅・拙宅

会社		
	尊称	貴社・御社
	謙称	当社・小社・弊社

熱中する

ひたむき

意味 ひとつの目的、物事に対して打ち込むさま。

用例 彼のひたむきな態度には頭が下がります。

恥

名折れ

意味 名を汚（けが）すこと。不名誉。

用例 ここで引き下がっては、私どもの名折れです。

バランス

兼ね合い

意味 つりあい。均衡。

用例 そのあたりの兼ね合いを勘案いたします。

便利

重宝（ちょうほう）

意味 便利で役に立つこと。

用例 いただいた品、重宝しております。

本音（ほんね）

本心

意味 本当の気持ち。

用例 本心からの言葉です。

待つ

心待ちにする

意味 今か今かと思いながら待つ。
用例 我が子の帰省を心待ちにしています。

 招かれる

お招きにあずかる

意味 相手から招かれることの謙譲表現。
用例 本日は、お招きにあずかり、ありがとうございます。

 迷う

ためらう

意味 決心がつかないさま。
用例 多少、ためらうところがございまして。

 満足がいく

心ゆく

意味 思う存分。十分満足のいく。
用例 心ゆくまで、本場の味を楽しむ。

 耳に入れる

お耳を拝借する

意味 「聞かせる」の謙譲語。
用例 少々、お耳を拝借いたします。

むかつく

いまいましい

意味 腹立たしい。癪にさわる。

用例 まことに、いまいましい話です。

滅入る

気落ちする

意味 がっかりすること。落胆すること。

用例 気落ちされたご様子でしたよ。

面会

お目通り

意味 目上の人物に会うこと。

用例 お目通りがかない、光栄に存じます。

物知り

博学

意味 幅広く、いろいろな学問、知識に通じていること。

用例 博学多才な人物。

文句を言う

物言いをつける

意味 異議を出すこと。

用例 予想外の方向から、物言いをつけられましてね。

五十音順総索引

索引

▲：言い換え前 ／ ●：言い換え後　　▌：ビジネス　　▌：敬語　　▌：伝統　　165

索引

▲：言い換え前／●：言い換え後　▌：ビジネス　▌：敬語　▌：伝統

▲：言い換え前 ／ ●：言い換え後　　▎：ビジネス　　▎：敬語　　▎：伝統　　169

索引

▲：言い換え前／●：言い換え後　　▮：ビジネス　▮：敬語　▮：伝統

索引

▲：言い換え前 ／ ●：言い換え後　┃：ビジネス　┃：敬語　┃：伝統

上品なことば選び辞典

2021 年 6 月 15 日　第 1 刷発行

発行人　　　代田　雪絵
編集人　　　代田　雪絵
企画編集　　田沢　あかね

発行所　　　株式会社　学研プラス
　　　　　　〒 141-8415　東京都品川区西五反田 2-11-8
印刷所　　　凸版印刷株式会社
製本所　　　株式会社難波製本

●この本に関する各種お問い合わせ先
本の内容については、下記サイトの
お問い合わせフォームよりお願いします。
　https://gakken-plus.co.jp/contact/
在庫については　Tel 03-6431-1199（販売部）
不良品（落丁、乱丁）については　Tel 0570-000577
　学研業務センター　〒 354-0045 埼玉県入間郡三芳町上富 279-1
上記以外のお問い合わせは　Tel 0570-056-710（学研グループ総合案内）